AF561960

UN AIEUL

DE

L'IMPÉRATRICE

POISSY. — TYPOGRAPHIE ARBIEU.

UN AIEUL

DE

L'IMPÉRATRICE

OU

GUZMAN LE BON

PAR D. M. J. QUINTANA

TRADUIT DE L'ESPAGNOL

PAR ARTHUS FLEURY

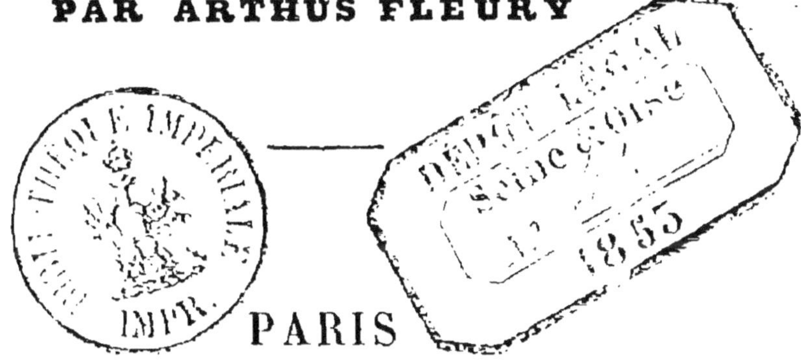

PARIS

JULES DAGNEAU, LIBRAIRE-ÉDITEUR

23, RUE FONTAINE-MOLIÈRE, 23

AU PREMIER

1853

NOTICE SUR QUINTANA.

En extrayant des *Vies des Espagnols célèbres* celle dont j'offre aujourd'hui la traduction au public, qu'il me soit permis de dire quelques mots sur son éminent auteur.

Don Manuel José Quintana naquit, le 11 avril 1772, en Estramadure, selon M. de Puibusque, et à Madrid, selon Eugenio de Ochoa. Après avoir commencé ses études dans cette ville, il les continua à Cordoue, pour les achever à Salamanque.

Dès sa première jeunesse, cultivant de

préférence la poésie, l'éloquence et l'histoire, il eut pour maîtres Melendez, Estala et Cienfuegos. En 1795, il débuta par quelques œuvres lyriques qui le mirent en grande estime. En 1801, il donna sa tragédie du *Duc de Visée*, suivie, en 1805, de celle de *Pélage*. De ces deux pièces, imitées de l'anglais, la dernière qu'il fit représenter aux *Caños del Peral* (1), renferme des scènes d'une beauté sévère, et, populaire en Espagne, a contribué le plus à asseoir sa réputation.

En 1802, Quintana publia un volume de poésies qui furent réimprimées plusieurs fois. Il devint alors rédacteur en chef de la revue périodique, intitulée : *Variétés scientifiques, littéraires et artistiques.* En 1807, il fit paraître le premier tome des *Vies des Espagnols célèbres,* en 1830 le deuxième, en 1833 le troisième. Il édita,

(1) L'un des trois théâtres de Madrid, servant aujourd'hui aux représentations des Italiens.

en 1808, trois volumes de poésies castillanes, depuis le siècle de Juan de Mena jusqu'à nos jours, et plaça en tête de ce *Trésor du Parnasse espagnol,* une introduction qui peut être regardée comme un morceau remarquable d'histoire littéraire et de critique. Dans la même année, il publia ses *Odes à l'Espagne libre*, et écrivit dans le *Semanario patriótico* , journal politique qu'il avait entrepris avec quelques amis pour exciter et soutenir l'esprit national contre l'invasion française. Sous les différents gouvernements qui se succédèrent pendant la guerre de l'indépendance, Quintana fit imprimer divers ouvrages politiques et, dans les années 1830 et 1833, un second choix de poésies castillanes, y compris la *Muse épique,* contenant la *Araucana* de D. Alonzo de Ercilla, etc.

La carrière politique de Quintana a été entremêlée de succès et de revers, sort commun à tous les hommes de mérite de la Péninsule, depuis le commencement de ce siècle. Chassé de la place qu'il occupait à Madrid au ministère des finances, proscrit avec Melendez, Arriaza, Moratin fils, par le gouvernement espagnol qui avait encouragé le libéralisme, et que la crainte de la révolution française lui faisait poursuivre, notre auteur est rappelé en 1795, mais une nouvelle réaction surgit, et le Prince de la Paix, dont le nom est peu justifié par toutes les guerres qu'il occasionna, soutient un système qui porte le dernier coup aux littérateurs castillans réduits à laisser reposer leur plume pendant que le sabre travaille.

Dans une notice qui précède un opuscule purement littéraire, je ne suivrai pas Quintana sous toutes les phases de sa vie diplomatique. Passant sous silence les nombreux emplois dont il s'est acquitté si dignement et qui l'ont élevé à une haute position sociale, je me contente de dire que l'auteur de *Guzman le Bon*, membre de l'Académie de Saint-Ferdinand et de plusieurs sociétés économiques et littéraires, est une preuve incontestable que l'Espagne, ingrate autrefois envers ses meilleurs enfants, sait aujourd'hui récompenser le patriotisme et le talent aussi bien qu'elle sait les produire.

Comme critique et comme poëte, Quintana occupe un des premiers rangs dans la littérature espagnole. Ses poésies lyriques sont empreintes d'un enthousiasme et d'une âpreté que je ne puis mieux comparer qu'à la verve sauvage de l'Italien Ugo Foscolo. Mais c'est surtout dans sa prose que ses habitudes philosophiques se révèlent avec tout leur éclat. Ce n'est pas lui que Lope de Vega eût engagé à remercier le ciel de ne point l'avoir fait naître pour juger des œuvres où il y aurait moins à reprendre que dans sa critique pesant sur elles : reproche malheureusement mérité par plusieurs de nos aristarques, gens d'esprit, qui trônent sur la misère du génie.

L'auteur de la vie du premier aïeul connu de S. M. Eugénie, notre impératrice, a, s'il existe encore, aujourd'hui quatre-vingt-un ans. Deux écrivains, que j'ai cités et auxquels je fais ici des emprunts, D. Eugenio de Ochoa, en 1838, et M. de Puibusque, en 1844, parlent de lui comme étant vivant. Si Quintana est mort, c'est donc depuis cette époque.

ARTHUS FLEURY.

Paris, 10 septembre 1853.

UN AIEUL

DE

L'IMPÉRATRICE

Alphonse le Sage régnait en Castille, et le temps était venu où une longue suite de revers devait succéder aux triomphes de ses premières années. Le voyage qu'il entreprit en France pour faire valoir ses droits à l'empire d'Allemagne, fut le signal des soulèvements qui commencèrent à miner son autorité. Bien que, avant son départ, il eût arrêté ses dispositions de manière à ce que l'Etat n'éprouvât aucun trouble pendant son absence, tous les maux se déchaînant simultanément contre lui, prirent à tâche de déconcerter les mesures que sa sagesse avait adoptées. D'une part, l'héritier de la couronne, le prince Fernand, son fils aîné, meurt à Villareal ; de l'autre, les Maures de Grenade rompent les trêves conclues avec la Castille et, appelant à leur aide Aben-Joseph, roi de Fez et de Maroc, envahissent toute l'Andalousie qu'ils mettent à feu et à sang. Don Nuño de Lara, commandant de cette province, périt dans une bataille qui a lieu près de Martos, et l'archevêque de Tolède, Don Sanche, accouru avec une armée à la rencontre de l'ennemi, est pris et tué, après avoir engagé le combat avec plus de courage que de prudence.

Dans un tel désastre, qui menaçait de la

perdre, la monarchie dut son salut à Don Diego Lopez de Haro, seigneur de Biscaye et à l'Infant Don Sanche, dit le Brave, second fils d'Alphonse X. Suivi de toute la noblesse Castillane, Don Diego vint prendre part à l'action vers le milieu du jour. Joignant ses forces à celles de Don Sanche, il arrêta l'impétuosité des Barbaresques, les tailla en pièces près de Jaën et vengea la mort de l'archevêque.

Au nombre des chevaliers qui s'étaient fait un devoir d'accompagner le seigneur de Biscaye, se trouvait un jeune homme de vingt ans, Don Alonzo Perez de Guzman, fils naturel de Don Pedro de. Guzman, Adelantado mayor d'Andalousie, et d'une demoiselle noble, nommée Teresa Ruiz de Castro. Cette affaire fut la première à laquelle assista Perez. Outre qu'il s'y distingua par une bravoure héroïque, il eut encore le bonheur de faire prisonnier Aben-Comat, favori de Joseph : ce qui contribua beaucoup à mettre fin à la guerre : car Alphonse étant revenu de son voyage dont il ne retira aucun avantage, et les ennemis, avertis par leur échec, désirant entendre parler de paix, Guzman se vit chargé de la négocier. A cet effet, employant l'influence d'Aben-Comat qui, de son captif, n'avait pas tardé à devenir son ami, il se trouva à même de conclure avec le roi de Barbarie, une trêve de deux ans (1276).

Pour célébrer cet heureux événement, on donna à Séville, en présence de la cour, un tournoi où Guzman, confirmant la haute réputation qu'il avait acquise dans la bataille, se couvrit de gloire par son adresse et par sa vaillance. La nuit ayant clos la fête, le roi, qui n'y avait pas paru, demanda à ses courtisans quel chevalier s'était signalé le plus. Un frère aîné de Guzman, élevé au palais, répondit alors : « — Seigneur, mon frère Alonzo Perez s'est montré aujourd'hui homme de valeur, et a conquis de grands titres comme fils de ses œuvres. » Cet éloge, qui semblait lancé à double sens, déplut beaucoup à Guzman ; il crut y voir une raillerie contre l'illégitimité de sa naissance. Rouge de honte devant le roi et l'assemblée, il s'écria aussitôt avec colère : « — Vous dites vrai, j'ai conquis des titres qui me rendent digne d'être votre frère, et je tâcherai qu'ils me rapportent autant que les vôtres pourront vous faire perdre. N'était le respect auquel oblige la présence des personnes qui nous entourent, je vous donnerais à entendre de quelle manière vous devez agir avec moi. Je ne vous en veux pas, au surplus, des expressions dont vous vous servez à mon égard ; si de telles paroles vous échappent, c'est moins votre faute que celle de l'homme qui, chargé de votre éducation, vous a si mal enseigné. » En entendant cette réponse véhémente, le roi dit alors : « — Votre frère n'avance rien, Guzman, qui puisse vous désobliger. C'est l'usage en Castille, d'appeler fils de ses œuvres, quiconque n'étant pas né d'une femme mariée, a su se créer des titres de quelque valeur. — C'est l'usage aussi des chevaliers, répliqua le jeune homme, quand ils ne sont pas traités par leurs souverains comme ils le méritent, d'aller ailleurs chercher bon accueil. Je suis leur exemple et je jure de ne pas rentrer dans vos États avant que votre intérêt m'y rappelle, et vous oblige à reconnaître ce que je vaux. Octroyez-moi donc le sauf-conduit que la loi accorde aux hidalgos pour sortir du royaume, car, à compter d'aujourd'hui, je me bannis de ma patrie et prends congé de vous comme votre vassal (1). » Le roi s'ef-

(1) Ce dialogue roulant sur un jeu de mots qui n'a

força, mais en vain, de changer sa résolution. Persistant dans son idée, Guzman le contraignit à lui donner le sauf-conduit demandé, et quitta la Castille, accompagné de quelques parents et amis.

En raison des rapports continuels que nécessitaient les luttes des deux nations qui se disputaient la domination de l'Espagne, il n'était pas rare de voir les chrétiens aller prendre du service chez les Maures, et les Maures venir combattre pour les chrétiens. Aben-Joseph, après sa défaite, s'étant retiré à Algésiras, Guzman se rendit auprès de lui et lui promit de l'aider dans toutes ses entreprises, excepté dans les guerres qui pourraient être déclarées au roi de Castille et aux princes de sa religion. Le roi de Barbarie reçut Guzman et sa suite avec la plus grande

aucune signification dans notre langue, je me suis vu forcé de traduire par l'équivalent.

courtoisie et, lui donnant à commander tous les chrétiens qui se trouvaient dans son armée, l'emmena avec lui en Afrique.

La première expédition qu'il lui confia fut d'aller soumettre les Arabes qui, tributaires de son empire, refusaient d'acquitter deux années de contributions dont ils lui étaient redevables. Sans résidence fixe, ces Arabes, difficiles à atteindre à cause de leur vie nomade, ne payaient jamais que contraints. Se voyant pour le moment en grand nombre et leur force excitant leur audace, ils poussèrent l'insolence jusqu'à menacer le roi de Fez de le détrôner. Chargé de les réduire, Guzman suggéra à Aben-Joseph de racheter tous les captifs chrétiens de sa capitale, ou de leur faire rendre la liberté : réunis à sa troupe, disait-il, ils suffiraient pour mettre les rebelles à la raison, sans qu'il fût besoin d'avoir recours aux armes des Maures. Le roi suivit ce conseil : les chrétiens, devenus libres, attaquèrent vigoureusement les Arabes et les poursuivirent jusqu'à leurs tentes, en faisant d'eux un carnage immense. Epouvantés et corrigés par cette leçon, leurs alfaquis accoururent au camp de Guzman, et soldèrent non-seulement le tribut réclamé, mais encore ajoutèrent à ce qu'ils devaient, des présents considérables pour leurs vainqueurs, afin d'obtenir la paix. Muni de toutes ces richesses, Guzman retourna à Fez où le roi, pour le récompenser dignement, lui abandonna une partie des sommes payées que le chevalier partagea entre lui et ses soldats.

Grâce à ce service, à ses vertus et aux talents dont il fit preuve, notre héros acquit une position telle à cette cour, que Aben-Joseph se plut à lui accorder toute son estime et toute sa confiance. Le pouvoir et le crédit qu'il parvint à se créer en Afrique, eurent leur retentissement en Castille au moment où le pays, divisé par deux factions, était sur le point de voir éclater une révolution déplorable. Alphonse le Sage, sans le vouloir, se trouvait cause des malheurs qui s'apprêtaient à l'atteindre. A côté des qualités éminentes qu'on ne pouvait lui contester, on remarquait dans ses paroles et dans ses actions, une inconstance, une versatilité entièrement opposées au caractère ferme et arrêté qui avait fait respecter si bien l'autorité de son père. Aux deux grandes fautes commises pendant le cours de son règne : l'altération des monnaies et l'acceptation de l'empire, il ajouta, sur la fin de ses jours, celle de vouloir changer l'ordre de la succession au trône. Les cortès s'étant prononcées en faveur de Don Sanche, le roi, au préjudice des enfants du prince Fernand de La Cerda, déclara choisir son second fils pour son successeur : celui-ci, à vrai dire, s'était montré vaillant défenseur de l'Etat, et la vigueur jointe à l'habileté déployée par lui en mainte occasion, lui attirant le suffrage du peuple et du roi, lui avait valu le titre d'héritier présomptif à l'exclusion de ses neveux. Ce fait, en lui-même, pouvait être une injustice, mais cette injustice se trouvait sanctionnée : prétendre revenir sur elle, devait amener une guerre civile, car Don Sanche n'était pas homme à se laisser tranquillement dépouiller des avantages que son ambition avait obtenus comme conséquence de ses services.

Depuis quelque temps, déjà, le père et le fils ne pouvaient s'entendre par suite de contrariétés domestiques, et ceux mêmes dont le devoir eût été de chercher à les mettre d'accord, prenaient misérablement plaisir à augmenter la mésintelligence qui existait entre eux. Ainsi, lorsqu'une seconde fois, Alphonse proposa de réduire la valeur des monnaies, et de détacher de ses Etats le royaume de Jaën pour le donner à l'un de ses petits-fils, le mécontentement éclata de tous côtés : les prélats et les grands, sa femme et ses fils l'abandonnèrent. La plupart des villes renoncèrent à son obéissance; Séville seule lui resta fidèle : les princes d'Espagne, ses parents ou ses alliés, refusèrent de le secourir, et le roi de Grenade, son ennemi, formant une ligue avec Don Sanche, rendit le danger plus terrible et la rébellion plus scandaleuse.

Dans cette cruelle extrémité, l'infortuné monarque, entièrement découragé, songea à s'embarquer avec ses trésors sur un vaisseau qu'il fit armer et peindre en noir. En quittant son ingrate patrie et sa famille dénaturée, sa résolution était de s'abandonner aux flots et à sa destinée ; mais, avant d'exécuter ce projet désespéré, il tourna ses regards vers l'Afrique et, se souvenant de Guzman, il crut devoir implorer, de la puissance dont son sujet jouissait à la cour de Fez, le secours qui lui manquait en Espagne. Il lui écrivit donc la lettre suivante, rapportée par presque tous nos historiens : monument étrange de douleur et d'éloquence, elle peut servir d'enseignement aux princes et aux hommes. Je la cite textuellement (1) :

« Cousin don Alonzo Perez de Guzman :

» Ma peine est si grande et ma chute a lieu de si haut, qu'elle se verra de loin. Tombé en moi, quand je croyais pouvoir

(1) Je regrette qu'il me soit impossible de conserver, dans la traduction, la forme ancienne et naïve de cette lettre que Quintana semble trouver sublime, et que le sévère historien Mariana juge peu digne de la majesté du trône, trop soumise pour un souverain, quoique conforme à l'état de ses affaires. « Triste nécessité, ajoute-t-il, pour un roi, de se voir contraint de s'humilier devant un sujet mécontent ! »

(*Note du traducteur.*)

compter sur l'appui du monde entier que j'aimais, partout on saura les malheurs et les chagrins que mon fils me cause injustement avec l'aide de mes amis et de mes prélats qui, au lieu de travailler dans l'intérêt de la paix, ne se cachent pas pour fomenter des troubles. La terre que j'habite ne manque ni d'asiles, ni de défenseurs, mais les uns me sont fermés, et je ne puis m'attacher les autres, malgré tout le bien dont ils me sont redevables. Lorsque, dans mon pays, l'homme qui devrait me servir, se tourne contre moi, force m'est donc de chercher à l'étranger celui qui compatit à ma souffrance. Les Castillans m'abandonnant, personne ne doit trouver mal que j'aie recours aux Africains. Mes fils étant devenus mes ennemis, nul ne saurait me blâmer de prendre mes ennemis pour mes fils. Les Maures, sans doute, m'ont fait la guerre, mais leur loi les y portait plus que leur cœur. Aben-Joseph est un bon roi; je l'aime, je l'estime beaucoup, et je pense qu'il n'aura pas de mépris pour le message que je lui envoie; nous avons fait trêve ensemble et nous sommes en paix. Je sais l'attachement qu'il vous porte à juste titre et combien vos conseils ont d'empire sur son esprit. Oubliez le passé, ne voyez que le présent : pensez au rang que vous occupez et à la grandeur de votre naissance. Bientôt, peut-être, serai-je à même de vous témoigner ma reconnaissance. Si cependant il m'était interdit d'accorder à vos bons offices ce qu'ils méritent, votre noble action seule vous récompenserait, car le bien n'est jamais perdu pour celui qui a su le faire. En conséquence, cousin Alonzo Perez de Gusman, usez de votre crédit auprès de votre maître, mon ami, pour l'engager à me fournir de l'argent et des troupes. Je vous envoie ma couronne, entourée de riches pierreries ; c'est la plus précieuse chose qui me reste : faites vos efforts pour qu'Aben-Joseph me prête sur elle ce qu'il jugera convenable. Pour peu qu'il vous soit permis de m'obtenir son aide, je suis certain que vous vous emploierez en ma faveur. Dans ma détresse, j'aurais pu m'adresser directement à votre maître, mais je préfère tenir de vous, que Dieu protége ! le secours dont j'ai tant besoin !

» Fait à Séville, la seule cité qui me soit demeurée fidèle, la trentième année de mon règne et la première de mon infortune. — LE ROI. » (1282).

Oubliant son mécontentement passé, Guzman exposa à Aben-Joseph la triste situation du roi de Castille, et lui présenta la couronne comme gage de l'assistance qu'on lui demandait. « — Va, dit à Perez, le généreux Maure, va porter à ton seigneur 60,000 doubles d'or pour lui servir de premier secours. Offre-lui tes consolations et, après lui avoir annoncé que je me dispose à le seconder, reviens me joindre pour repartir avec moi. J'accepte la couronne du roi, et, si je la retiens entre mes mains, ce n'est pas à titre de dépôt, mais comme souvenir de son malheur et de ma promesse. »

Guzman traversa le détroit et, se rendant à Séville suivi d'un brillant cortége d'amis et de serviteurs, remit à l'infortuné Alphonse la somme qu'il lui apportait. Ainsi s'accomplit à sa gloire le serment terrible qu'il avait prononcé à sa sortie du royaume, de ne rentrer dans sa patrie que quand on y pourrait reconnaître ce qu'il valait. Le roi lui fit l'accueil le plus empressé et le reçut avec tous les honneurs que méritait le service qu'il se voyait rendre. Entre autres marques de reconnaissance qu'il crut devoir lui prodiguer, la plus importante fut de lui faire épouser Dona Maria Alonzo Coronel, noble demoiselle sévillane que sa beauté, ses richesses et ses vertus rendaient le meilleur parti de l'Andalousie. Guzman avait alors vingt-six ans : le mariage se célébra à Séville et le roi donna en dot aux époux, Alcala de los gazules. Peu de jours après, Guzman retourna en Afrique d'où il revint avec Aben-Joseph qui, suivi d'une nombreuse armée, apportait le secours promis.

Les deux princes se réunirent à Zahara, dans le camp maure. Le monarque africain reçut le roi de Castille avec tous les respects qu'un souverain aurait pu attendre de son vassal. Il le fit entrer à cheval dans sa tente, et, l'obligeant à prendre la première place : « — Asseyez-vous, lui dit-il, car vous êtes roi depuis le jour de votre naissance, et je ne le suis, moi, qu'à dater du moment où Dieu a permis que je le devinsse. A cette parole affectueuse, Alphonse répondit : « — Dieu, qui donne la noblesse aux nobles, l'honneur à ceux qu'on vénère, accorde aussi des royaumes aux princes qui le méritent. En vous plaçant sur le trône dont vous êtes si digne, il s'est montré juste à votre égard. »

Leurs politesses réciproques une fois achevées, les deux rois, dans le meilleur accord, tracèrent leur plan de campagne : « Donnez-moi, dit le Maure, un officier qui me serve de guide et me conduise dans les pays révoltés contre vous ; je les détruirai en entier ou les contraindrai à vous rendre obéissance. » Le roi de Castille fournit l'officier qu'Aben-Joseph lui demandait, mais en même temps il le chargea de mener les Maures dans les endroits où ils auraient à causer le moins de dommage ; attention paternelle bien en rapport avec les paroles qu'il adressa aux habitants de Séville qui le regardaient partir avec le roi de Fez : « Voyez, leur dit-il, en les quittant, à quoi je me trouve réduit : Je suis forcé d'être l'ami de mes ennemis et l'ennemi de mes amis. Dieu sait que tel n'est pas mon désir ! »

Les armées confédérées se présentèrent devant Cordoue où Don Sanche résidait alors. Le Maure, voulant essayer des voies de négociation, lui envoya Don Alonzo de Guzman et un interprète pour l'exhorter, comme son devoir l'ordonnait, à se réconcilier avec son père. Tous deux, déjà, étaient entrés dans la ville et admis devant le prince, quand ce dernier apprit que les Maures, venant de s'approcher des remparts, avaient tué quelques-uns de ses soldats. « — Osez-vous bien, leur dit-il avec fureur, m'apporter un tel message au moment où vos gens massacrent les miens ?... Sortez promptement d'ici, ne restez pas davantage en ma présence. Vive Dieu ! je ne sais qui me retient de vous faire mourir et précipiter du haut de mes murs. » Les envoyés partirent, rendant grâce au ciel de les sauver d'un si grand danger, et laissant chacun surpris que Don Sanche, avec la juste raison qu'il avait de s'indigner, eût borné sa colère à des menaces.

Sa présence à Cordoue et son activité déjouèrent les efforts des Africains. Ceux-ci rebutés, après s'être contentés de détruire quelques bourgades, de ravager les plaines de l'Andalousie et de la Manche, se retirèrent avec leur butin sans avoir rien fait de profitable pour leur allié. Par l'adresse de Don Sanche, du reste, les soupçons et la défiance s'étaient glissés dans l'esprit des rois de Maroc et de Castille; ce dernier, surtout, suspectant tout le monde, depuis que les hommes l'avaient tant outragé, une séparation ne tarda pas à s'opérer entre eux. Alphonse se dirigea donc vers Séville et Aben-Joseph vers Algésiras où il se rembarqua pour retourner dans ses États.

Guzman l'accompagna, emmenant avec lui sa femme qui obtint à Fez toute la considération que son rang et sa vertu méritaient. Mêlant les agitations du camp aux douceurs de l'hymen, le capitaine espagnol eut souvent à défendre les États de Joseph attaqués par les souverains voisins ; plusieurs fois il leur fit la guerre et, dans toutes ses expéditions, la victoire lui resta fidèle et le combla des dépouilles et des trésors de l'ennemi. La renommée, que lui valurent ses hauts faits, parvint en Espagne et en Italie. Le pape lui écrivit, ainsi qu'à ses compagnons, une lettre remplie d'éloges. Malgré ces marques d'intérêt, pourtant, un danger sérieux menaçait Guzman. Les richesses acquises au prix de son sang et de tant de nobles prouesses, s'accrurent à un tel point qu'elles excitèrent la convoitise des Barbaresques qui songèrent à perdre les deux époux pour s'approprier leur fortune. L'affection que Joseph portait à Guzman suffisait à le garantir de toute attaque, sa confiance en lui n'ayant pas changé ; mais Aben-Jacob, son fils, et Amir, son neveu, enviaient les trésors du favori et l'avaient en horreur ; celui-ci devait craindre que le roi venant à mourir, la faveur dont il avait joui jusque-là ne se changeât en disgrâce et que ses biens ne devinssent pour lui une cause de persécution. Dans cette prévision, il concerta donc avec sa femme un moyen de se mettre à couvert. Feignant d'être brouillés et de ne pouvoir plus vivre en bonne harmonie, les époux parlèrent de se séparer. Le roi, donna dans la supercherie et se montra favorable à ce projet. Dona Maria Coronel eut ainsi la faculté de retourner en Espagne avec ses enfants et la majeure partie des trésors de son mari.

Peu de temps après arriva la mort de Joseph, et Aben-Jacob, lui succédant, hérita de la couronne de Fez et de Maroc. Autant le père avait été généreux, franc et loyal, autant le fils était féroce, vindicatif et perfide. Il détestait Guzman et les chrétiens défenseurs de son empire ; et sa haine, excitée par Amir, n'avait d'autre frein que la crainte de voir le peuple se soulever par la disgrâce de celui que ses vertus faisaient aimer et ses victoires admirer. C'est à cette époque, si l'on en croit les historiens, qu'eut lieu son combat contre le serpent monstrueux qui répandait la terreur dans la ville de Fez et ses environs; mais les circonstances incroyables dont ils entourent cette prouesse, digne de Jason, tiennent trop du merveilleux pour être acceptées comme véridiques; la valeur de Guzman n'avait pas besoin des exagérations de la fable pour se recommander à l'admiration des hommes.

Ses ennemis, enfin, ayant résolu de le perdre, arrêtèrent, comme moyen excellent, de l'envoyer avec une troupe insuffisante de chrétiens, recouvrer le tribut des Arabes ; en même temps ils pensèrent à avertir ceux-ci d'avoir à l'attaquer de leur mieux, leur offrant de les exempter de ce qu'ils devaient, s'ils parvenaient à le tuer, lui et ses gens. Guzman apprit cette trahison par Aben-Comat, ce Maure qu'il avait fait prisonnier à la bataille de Jaën et qui, depuis, s'était constamment montré son ami. Lorsque ce complot s'ourdissait contre sa vie, Don Alonzo Perez songait à trouver le moyen de sortir du Maroc ; l'occasion lui semblant favorable, il accepta la commission dont on le chargeait et se mit en marche avec ses chrétiens ; mais, déterminé à opposer l'artifice à l'artifice, il embusqua des sentinelles dans tous les chemins pour tâcher de s'emparer du messager qui portait aux Arabes l'avis en question. Il réussit à le saisir et, remplaçant son message par un autre où il disait que Guzman s'avançait contre eux avec une armée nombreuse, il le confia à l'un des siens. Au reçu de sa missive, les Arabes qui, à leur grand détriment déjà, avaient appris à connaître les effets de son courage, ne voulurent pas s'exposer à tenter une nouvelle épreuve. Ils firent donc remettre au chef espagnol, par leurs alfaquis, le tribut arriéré, en y joignant beaucoup de présents pour lui et sa troupe.

Cette expédition terminée, Guzman, se hâtant de partager avec ses soldats les richesses qu'elle lui valait, les informa des intentions perfides de la cour de Fez. Leur proposant de quitter l'Afrique pour retourner en Espagne, il leur dit qu'il avait mandé au général des galères de Castille de venir l'attendre dans une anse près de Tanger. Tous n'eurent qu'une voix pour lui promettre de le suivre. Il se dirigea aussitôt vers la mer, et grâce au bruit semé dans les bourgades où il lui fallait passer, qu'il allait, par l'ordre du roi, défendre la côte contre l'invasion des Castillans, il arriva sans encombre à l'endroit convenu. Les galères l'attendaient; il s'y embarqua avec ses compagnons, dont le nombre montait jusqu'à mille, et parvint à gagner Séville où il entra avec tout l'appareil d'un triomphe (1291).

Alphonse le Sage, alors, n'existait plus, et Don Sanche, son fils, régnait en Castille. Guzman, peu de temps après son arrivée, eut occasion de le voir et lui offrit ses services. Le prince les agréa et lui dit avec courtoisie qu'un chevalier aussi illustre serait mieux à sa place, employé par ses rois que par les souverains d'Afrique. Il demanda beaucoup de détails sur ce pays, s'informa de la force de ses chefs et de la manière la plus avantageuse de leur faire la guerre. Notre flotte venant de gagner une victoire sur les Barbaresques, et de leur prendre treize galères, l'occasion parut favorable à Don Sanche d'investir Tarife, place importante, située sur la côte, et l'une des portes qui ouvraient aisément la route de l'Espagne aux Africains. L'argent manquait pour l'entreprise; Guzman le fournit; et l'armée étant réunie sous ses ordres, il attaqua Tarife par terre et par mer. Le siége dura six mois, pendant lesquels Guzman ne cessa de se montrer la tête la plus sage au conseil, comme le bras le plus ferme au combat. Les Maures se défendirent avec intrépidité; mais, malgré leur résistance, la ville fut emportée d'assaut, et ses habitants se virent réduits à l'esclavage. Croyant im-

lieu de le laisser à Lisbonne, Don Juan l'emmena avec lui en Afrique et le ramena en Espagne. Le jugeant être un instrument infaillible pour la réussite de ses desseins, il le fit sortir garrotté de la tente où il le gardait, et le montrant à son père, il lui déclara que, s'il ne rendait pas Tarife, il tuerait Don Pedro sous ses yeux. Ce n'était pas la première fois que l'infâme recourait à cet abominable expédient; déjà, quand régnait Alphonse X, voulant soustraire Zamora à son obéissance, il s'était emparé d'un fils de l'alcaydesse de l'Alcazar, et, le présentant aux regards de sa mère avec la même menace, il avait obtenu qu'on lui remît la place. Quoique cette première action fût barbare, la seconde était, en comparaison, plus horrible; outre qu'elle outrageait l'humanité et la justice, elle violait en même temps les droits de l'amitié, de l'honneur et de la confiance. En voyant son fils, en entendant ses gémissements mêlés aux paroles de l'assassin, Guzman sentit des larmes rouler dans ses yeux; mais l'indignation que lui causa une conduite si exécrable, mais la foi jurée à son roi, le salut de sa patrie, établirent une lutte entre le citoyen et le père. Plus fort que l'iniquité des hommes et la rigueur de la fortune: « — Je n'ai pas engendré un fils, s'écria-t-il, pour qu'il nuisît à mon pays; je l'ai engendré, au contraire, pour qu'il fît tort aux ennemis de ma patrie. Que Don Juan mette à mort mon fils, il lui donne la vraie vie, comme à moi la vraie gloire, et ne retire de sa cruauté que l'infamie à laquelle, dans le monde entier, il condamne sa mémoire. Et pour lui prouver combien je songe peu à remettre la ville en son pouvoir, va le trouver, mon couteau, si par hasard il manque d'arme pour accomplir son projet atroce. » Cela dit, il tira le couteau qu'il portait à sa ceinture, le lança dans la plaine et rentra dans le château (1294).

Il se mit à table avec sa femme, renfermant sa douleur dans son cœur pour qu'elle n'apparût pas sur son visage. En ce moment, l'Infant, furieux de voir son dessein avorté, ordonna d'égorger la victime. Devant ce spectacle, les chrétiens qui se trouvaient sur les murs, se mirent à pousser des cris. A ce bruit Guzman sortit pour en savoir la cause, et s'en étant fait rendre compte, il retourna à table en disant : « — Je croyais que les ennemis venaient d'entrer dans Tarife ! » Peu de temps après, désespérant de vaincre sa constance et craignant le secours qui, de Séville, arrivait aux assiégés, les Maures levèrent le siège qui avait duré six mois, et retournèrent en Afrique sans autre résultat pour eux que la honte et l'horreur méritées par leur exécrable conduite.

Toute l'Espagne eut bientôt connaissance

du sacrifice héroïque qu'avait laissé consommer Guzman. Le roi en entendit parler. Malade, alors, à Alcala de Henarès, il écrivit au chevalier une lettre où il lui témoignait sa satisfaction pour la manière remarquable dont il avait défendu Tarife. Dans cette lettre, le comparant à Abraham, il lui confirma le surnom de Bon que le peuple lui donnait déjà pour ses vertus; il lui promit des récompenses équivalentes à sa loyauté, et lui manda de venir le voir, s'excusant de ne pouvoir aller lui-même le trouver à cause de sa souffrance. Après s'être dérobé aux nombreux parents et amis qui, de tous les points du royaume, accoururent le complimenter, Don Alonzo se rendit en Castille avec une grande suite. Partout, la foule s'élançait sur son passage. Dans les rues on se le montrait du doigt, et les demoiselles les plus retenues demandaient à leurs familles la permission de rassasier leurs regards, en courant contempler un noble guerrier qui avait donné un si grand exemple d'intégrité. A l'arrivée de Guzman à Alcala, la cour, par ordre du roi, fut à sa rencontre, et Don Sanche, en le recevant, dit aux chevaliers et aux pages qui l'entouraient : « — Apprenez à gagner le titre de Bon, le modèle est devant vous. » Accompagnant d'actes généreux ces paroles pleines d'aménité, il lui accorda des priviléges immenses et lui donna, pour en jouir lui et ses descendants, la terre qui forme la côte de l'Andalousie, entre l'embouchure du Guadalquivir et du Guadelete.

L'action héroïque de Guzman trouva dans l'estime publique et la vénération de son siècle, la récompense qui ne manque pas d'échoir aux hommes dont la vertu s'en rend digne. Il était réservé à notre époque, si pauvre en désintéressement, de chercher à amoindrir ce haut fait, en l'attribuant plus à la férocité qu'au patriotisme. Peu capables de dévouement et de sentiments élevés, nous jugeons les grandes âmes d'après l'étroitesse et la bassesse des nôtres. Ne nous sentant pas la force d'agir d'une manière sublime, nous aimons mieux rabaisser par la calomnie les vertus auxquelles nous ne pouvons atteindre, que de les admirer et nous incliner devant elles. Et, au milieu de notre injustice, qui choisissons-nous pour lui jeter le reproche de cruauté? Celui qui, dans tout le cours de son existence, n'offre pas un seul trait dénotant un esprit dur ; celui qui, pendant les ravages que la peste et la famine causèrent, de son temps, en Andalousie, ouvrit constamment sa bourse et son cœur à l'indigence et à l'infortune ; celui, enfin, à qui les populations reconnaissantes crurent devoir donner le surnom de Bon pour son caractère probe et compatissant, avant que l'autorité royale sanctionnât ce titre pour son héroïsme !

Le roi Don Sanche mourut à Tolède, succombant à une maladie déclarée par suite des fatigues qu'il avait éprouvées au siége de Tarife. Prince recommandable, sans contredit, pour son activité, sa prudence, sa droiture et son courage, sa mémoire aurait droit à plus de respect, s'il ne l'eût pas ternie par sa désobéissance, par les moyens qu'il employa pour monter au trône, et par la rigueur extrême dont il usa quelquefois, afin d'effrayer ceux qui trahissaient sa cause : condition triste et inévitable des usurpateurs, que d'être, à chaque pas, obligés de commettre de nouvelles fautes pour conserver le bénéfice de la première. Ces défauts exceptés, on ne saurait nier que Don Sanche eût en partage des qualités éminentes. Bien que outragé et dépossédé par lui, son père même lui rendait cette justice : et quand on lui annonça faussement que son fils était mort à Salamanque, le vieillard inconsolable, pleurant outre mesure, s'écriait que le meilleur homme de sa race n'existait plus ! Sanche, en effet, pendant dix-huit ans, sauva l'Etat de l'invasion des Sarrasins. Déclaré héritier de la couronne, il sut assurer son droit incertain contre son père qui voulait l'en dépouiller, et le maintenir contre la volonté des grands et de nombreux sujets devenus ses ennemis, contre l'opposition de presque tous les rois voisins. Ces circonstances difficiles, qui constituent la gloire et le mérite de sa vie, se réunirent pour troubler ses derniers moments : il sentait la main, qui avait su s'en rendre maître, prête à manquer, et voyait son fils, encore enfant, exposé sans aucune défense à la tempête qui allait surgir plus violente que par le passé. Connaissant les grands talents de sa femme, la célèbre reine Doña Maria, il l'institua régente et, sur le point d'expirer, s'adressant à Guzman : « — Partez, lui dit-il, pour l'Andalousie, et défendez-la au nom de mon fils. Bon comme vous êtes et comme je me suis plu à vous nommer, je suis certain que vous ferez tout pour lui conserver cette province. »

Le roi mort, les partis levèrent la tête. Appuyés par la France et l'Aragon, les La Cerda voulurent s'emparer du trône ; l'Infant Don Juan, démembrer l'Etat en se faisant roi d'Andalousie ; le roi de Portugal, élargir sa frontière ; les grands et les sujets tombés en disgrâce et châtiés par Don Sanche, profiter de la minorité de son fils pour se venger ; d'autres personnages, entrer aux affaires pour nourrir leur ambition et leur convoitise : tous rivalisant de bassesse et d'insolence, montraient un tel désir de gouverner et de s'enrichir, que, dans les classes les plus nécessiteuses et les professions les plus viles, on rencontrerait difficilement des exemples de scandales pareils à ceux que ne craignirent pas d'afficher les hommes de la première noblesse. A ces maux s'en joignit un pire que l'on crut devoir être un remède aux autres : le vieux Don Henri, frère d'Alphonse le Sage, venait d'arriver d'Italie. Il avait déterminé les cortès à lui donner part au gouvernement, pour que son autorité devînt un frein capable de contenir les mécontents. Mais cet Infant était plus méchant encore que son neveu Don Juan. Son esprit inquiet et séditieux l'avait conduit de Castille en Aragon, d'Aragon à Tunis, de Tunis en Italie, sans pouvoir le faire supporter nulle part. Il exerça la charge de sénateur de Rome, dignité à laquelle était attaché, alors, presque tout le pouvoir civil de cette métropole du monde. S'étant fait Gibelin, il aida les princes allemands dans leur expédition contre Charles d'Anjou. Prisonnier à la bataille de Tagliagozzo, si fatale à Conradin, il resta longtemps privé de sa liberté, jusqu'à ce qu'enfin (soit qu'il eût réussi à s'évader, soit qu'à force d'instances, il eût obtenu son élargissement), il lui fut permis de retourner dans sa patrie. L'âge lui avait ôté l'énergie, son unique qualité brillante, et l'adversité n'avait pas corrigé les défauts de son caractère. Avide d'administrer seul la tutelle, à une partie de laquelle il s'était vu admettre, incapable de faire régner l'ordre et le calme, mais abusant honteusement de la confiance placée en lui, il traitait simultanément avec le roi de Portugal, celui de Grenade et les grands révoltés, trompait les uns et les autres, et consommait la ruine de l'Etat par ses intrigues insidieuses. Son arrivée en Espagne fut un signe de malheur, son pouvoir une calamité publique, et sa mort une réjouissance universelle.

A ce torrent dévastateur la reine opposait, dans les petites occasions, les talents de son sexe, la dissimulation et la déférence ; et, dans les grandes, une fermeté, une supériorité d'esprit qui ne se pliait à rien, et que rien ne pouvait vaincre. Considéré comme le premier personnage de l'Andalousie, Guzman, cependant, défendit cette province contre les invasions des rois de Portugal et de Grenade, et assura sa tranquillité par la manière sage dont il la gouverna. Dans une sortie qu'il dut faire de Séville pour contenir les Portugais, cette cité courut le risque de se perdre. A la suite d'un différend survenu entre ses habitants et les Génois au sujet de rapports commerciaux, le peuple, s'étant ameuté, tua quelques gens de cette nation, pilla et brûla leurs maisons. Cette action injuste et déplorable exposait la ville à tout le ressentiment de la république de Gênes, très-puissante alors par l'importance de son commerce et ses forces maritimes. Au milieu de cette crise Guzman revint de son expédition. Il proposa aux Sévillans de s'imposer une contribution pour indemniser les Génois des dommages qu'ils avaient soufferts. Cet avis fut approuvé par tous les hommes de bien de Séville; on entra en accommodement avec les Génois, et les maux qu'on redoutait de leur part disparurent.

Il n'était pas aussi facile de détourner ceux qui menaçaient du côté des Maures. S'il n'y eût eu besoin que de les vaincre, l'avantage que, dans toutes les rencontres, Guzman remporta sur eux avec son armée sévillane, aurait suffi pour leur rendre la paix désirable. Mais, comptant sur le succès des trames qu'ourdissait avec eux l'artificieux Henri, ils ne restaient jamais en repos et espéraient se rendre maîtres de Tarife, soit par la force des armes, soit avec l'aide des négociations. En échange de cette ville, ils offraient de donner vingt-deux châteaux et de payer tous les tributs arriérés. L'Infant se montrait favorable à cette proposition, mais Guzman regardait comme une lâcheté de céder l'une des portes de l'Espagne, une cité qu'il avait conquise avec tant de gloire et si bien défendue au prix de ce qui lui était le plus cher. La reine connaissait les sourdes menées de Henri et n'osait pas l'attaquer en face ; Guzman, au contraire, lui tenant tête ouvertement, l'avait contraint à jurer, en assemblée solennelle à Séville, de ne pas abandonner, de ne pas même conseiller d'abandonner Tarife aux Maures. Non content de cela, ne se sentant pas assez fort pour résister aux infidèles dans le cas où, avec le secours de l'Infant, ils viendraient assiéger cette place, il écrivit au roi d'Aragon. Lui demandant de l'argent pour augmenter les fortifications de Tarife, il lui offrit de garder cette place en son nom, jusqu'à ce que le roi de Castille, devenu homme, pût le rembourser des sommes qu'il aurait avancées. En même temps il lui fit entrevoir combien il serait glorieux pour lui de défendre contre les injustices des étrangers et contre les perfidies de ses parents, un prince orphelin que chacun s'efforçait de dépouiller. L'Aragonais accorda un grand éloge à la loyauté et au zèle du chevalier, mais n'envoya aucun secours. Malgré ce refus, pourtant, le courage et le talent de Guzman furent plus forts que tous les obstacles qui surgirent pour le contrarier, et Tarife se maintint au pouvoir du roi.

Il n'est pas de notre sujet de rapporter tous les troubles, toutes les luttes de cette minorité orageuse. Les princes de la maison royale, la majeure partie des grands, toujours les armes à la main, agissant moins en guerriers qu'en brigands, déchiraient l'Etat par leur ambition démesurée et par leur cupidité effrontée. La reine, dans sa prudence accoutumée, louvoyait entre tous les partis ; temporisant avec les uns, gagnant les autres, elle cédait ce qu'elle ne pouvait défendre et, grâce aux forces que lui procuraient ses alliances, elle soutenait le choc des ennemis qui lui restaient à combattre. Dans ces guerres civiles, un grand nombre de laboureurs perdirent la vie, et les campagnes de Castille, privées des bras qui les cultivaient, cessèrent de produire. Une famine effroyable, comme personne ne se souvenait en avoir connu, vint mettre le comble aux maux déjà existants. Faute de grains, les hommes se nourrirent d'herbes, mais ce misérable aliment ne les empêchait pas de tomber morts de faim dans les places et dans les rues. Ainsi la nature outragée châtiait la férocité de ces barbares, en leur prouvant qu'elle leur avait donné des bras pour autre chose que pour se combattre et se détruire.

Cependant le roi grandissait et, à mesure qu'il prenait de l'âge, le respect pour son autorité augmentait et la tourmente s'apaisait. Aussitôt qu'il eut saisi les rênes du gouvernement, il déclara la guerre aux Maures et assiégea Algésiras qu'il investit par terre et par mer. Pendant la durée du siége, il envoya Guzman avec l'archevêque de Séville et Don Juan Nuñez attaquer Gibraltar. Arrivé devant la place, voyant la résistance des ennemis, Don Alonzo fit élever une tour qui dominait leur muraille. Effrayés des ravages que du haut de cette tour on causait dans leurs rangs, les Maures finirent par se rendre, et les chrétiens entrèrent dans la ville pour la première fois depuis que les Sarrasins s'en étaient emparés cinq cents ans auparavant. Ce service fut le dernier que Guzman rendit à sa patrie. Peu de temps après, chargé par le roi de réprimer les courses des Maures qui dévastaient la campagne d'Algésiras, il s'engagea dans les montagnes de Gaussin. Là, il eut un engagement avec les infidèles et les mit en déroute ; mais, s'étant trop avancé à les poursuivre, il tomba mort, percé des flèches que l'ennemi lui décocha de loin. On transporta d'abord son corps dans le camp du roi de Castille, puis on le conduisit à Séville par le Guadalquivir. Les habitants de cette ville, gouvernée par ses conseils et défendue par ses armes, sortirent pour le recevoir avec une pompe aussi lugubre que majestueuse. Les larmes aux yeux, tous, d'une commune voix, l'acclamaient comme leur protecteur, leur père, l'homme qui avait répandu snr leur pays le plus d'éclat. Agé de cinquante-deux ans,

Guzman mourut en 1309. Ses restes furent déposés au monastère de Saint-Isodore qu'il avait fondé et doté pour servir de sépulture à lui et à sa famille.

Telle est la vie de Don Alonzo Perez de Guzman, premier seigneur de San Lucar de Barrameda, fondateur de la maison de Medina Sidonia. Dans un siècle où les sentiments naturels, défigurés, ne présentent en Castille que des traits dignes de la barbarie, il sut se créer une position illustre par ses exploits et par ses services, sans jamais s'écarter des voies de la justice. Au milieu des coutumes si désastreuses de cette époque, le spectacle de ses vertus attire et console l'esprit, comme l'aspect d'un temple superbe qui s'élève au-dessus des ruines. Sa mémoire excite en Espagne un respect égal à celui qu'inspirent les héros de l'antiquité. On l'y admire comme un Scipion ou un Epaminondas, et son nom portant le cachet du patriotisme le plus pur, n'est jamais prononcé qu'avec une sorte de vénération religieuse.

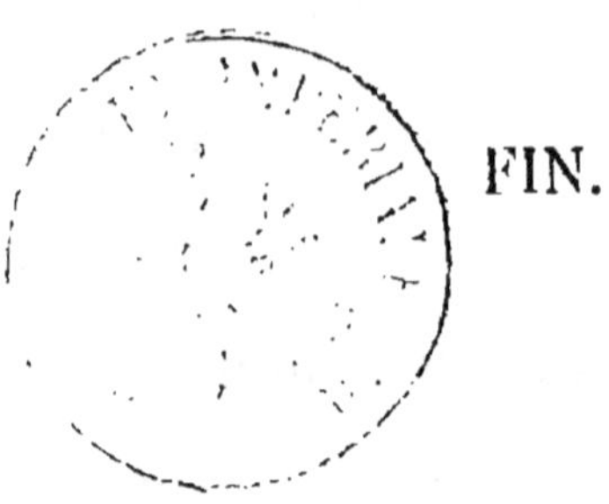

FIN.

AUTEURS CONSULTÉS :

ZÚÑIGA, Annales de Séville. — MONDEJAR, Mémoires d'Alphonse le Sage. — MARIANA. — Chroniques de Don Alfonse, de Don Sanche, son fils, et de Don Fernand, son petit-fils. — Chronique de la maison de Médina Sidonia, par DON PEDRO DE MEDINA.

OUVRAGES DU MÊME AUTEUR :

FRANÇOISE DE RIMINI, tragédie de Silvio Pellico, traduite en vers, avec le premier chant de l'Enfer de Dante et un abrégé du roman de Lancelot du Lac.

EUFEMIO DE MESSINE, tragédie du même, traduite en prose, avec une Notice sur le théâtre de l'auteur.

LE VAILLANT JUSTICIER, comédie de Moreto, traduite en prose et précédée d'une Notice sur l'auteur et sur son théâtre.

A TURC, TURC ET DEMI, comédie en vers, imitée de Cervantès.

NOUVELLES POSTHUMES de Cervantès.

NOUVELLES de Maria de Zayas.

JOSÉ MARIA, le capitaine de voleurs, (biographie).

HISTOIRES ANGLAISES ET AMÉRICAINES, traduites et imitées de Ch. Dickens, F. Cooper.

Pour paraître successivement :

HISTOIRE DE LA MAISON DE GUZMAN, depuis son origine jusqu'à nos jours.

LES MALANDRINS ou la France au temps de Duguesclin, drame en cinq actes, en vers, suivi d'un épilogue.

LE PROTÉGÉ D'ATTILA.

PÉRÉGRINATIONS d'un peintre et d'un homme de lettres.

NAPLES ET MESSINE.

QUINZE MOIS AUX ANTILLES.

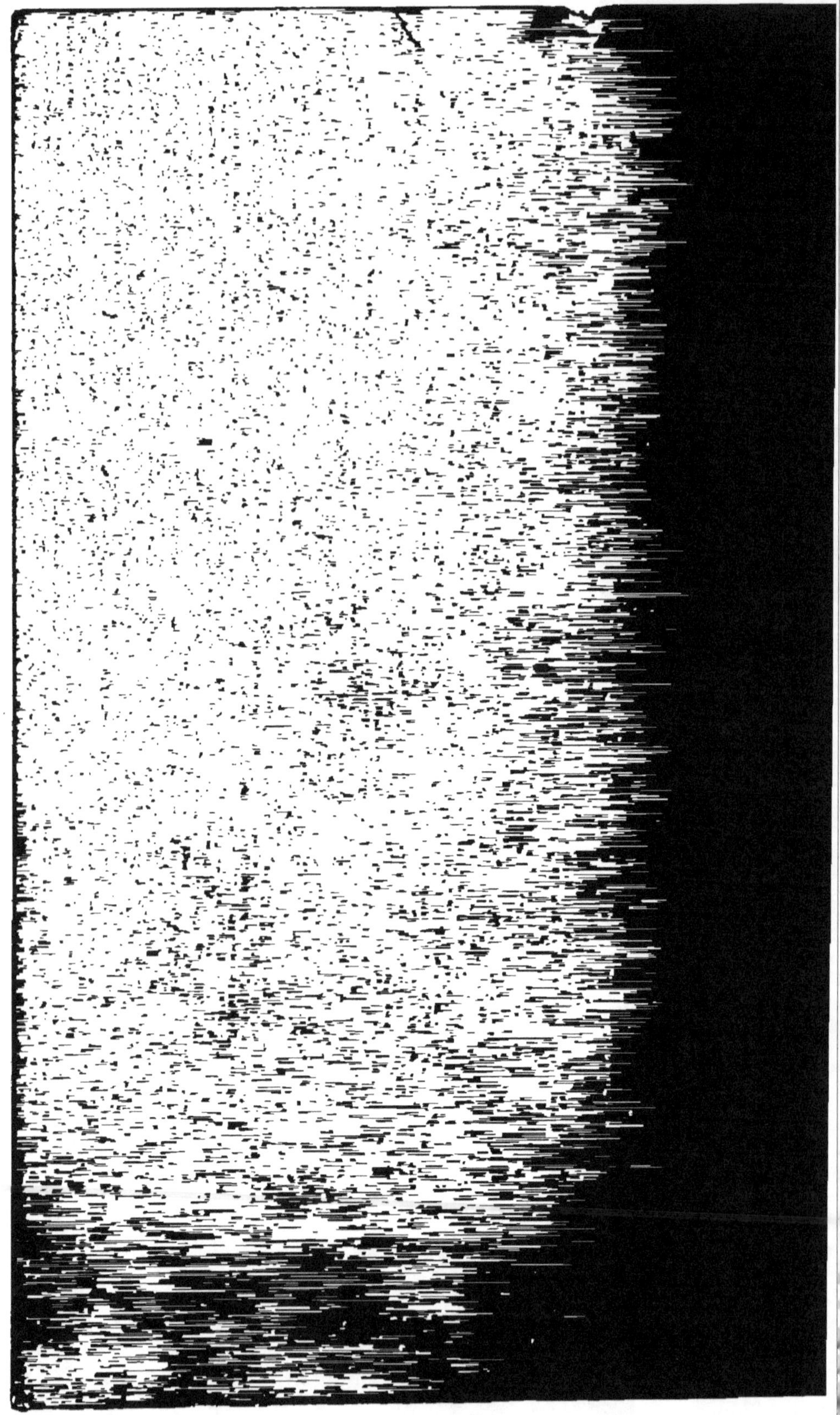

www.ingramcontent.com/pod-product-compliance
Lightning Source LLC
LaVergne TN
LVHW010035230826
846091LV00005B/1714

* 9 7 8 2 0 1 3 3 7 8 7 4 1 *